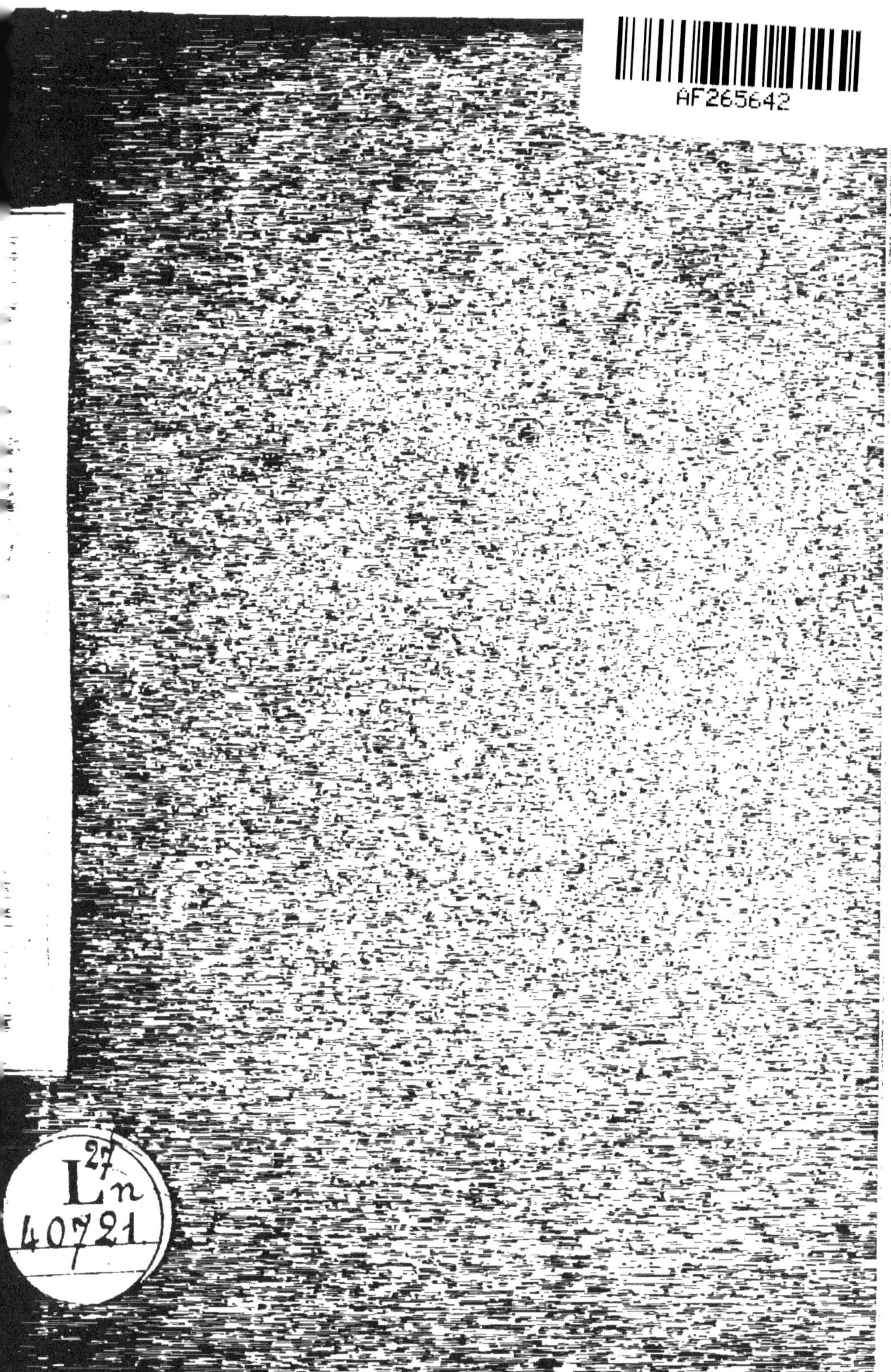

M. L'ABBÉ DE SAINT-ALBIN

CHANOINE HONORAIRE

ANCIEN CURÉ-ARCHIPRÊTRE
DE SAINTE-MENEHOULD

CURÉ DE NOTRE-DAME-EN-VAUX
DE CHALONS-SUR-MARNE

(1822-1892)

M. L'ABBÉ DE SAINT-ALBIN

CHANOINE HONORAIRE

ANCIEN CURÉ-ARCHIPRÊTRE

DE SAINTE-MENEHOULD

CURÉ DE NOTRE-DAME-EN-VAUX

DE CHALONS-SUR-MARNE

PREMIÈRES ANNÉES.

Charles-Paul-Aristide HUOT DE SAINT-ALBIN naquit le 24 février 1822, à Sézanne, dans le département de la Marne. Son père y occupait la charge de sous-inspecteur des eaux-et-forêts. Sa mère appartenait à une honorable famille de Troyes. Elle mourut jeune, laissant une fille et deux fils dont l'aîné, Alexandre, devint plus tard un publiciste distingué (1).

(1) Auteur d'une *Vie de Pie IX*, de la *Vie de la duchesse de Parme*, de la *Vie de Henri V*, etc.

La famille quitta bientôt Sézanne pour aller habiter Soyer, village voisin d'Anglure où elle possédait un beau domaine. M. de Saint-Albin était maire de Soyer : il y fit relever la chapelle détruite à la Révolution. Le jeune Charles commença, à Soyer, à se livrer aux deux choses qui devaient être la passion de toute sa vie : l'enseignement des enfants et la charité. Il réunissait dans la maison paternelle les enfants du hameau et leur faisait le catéchisme. On se rappelle aussi qu'il était bon pour eux, et ne laissait jamais les plus pauvres sortir du « château » les mains vides.

Ses études classiques terminées, Charles entra au Séminaire de Saint-Sulpice. On raconte qu'une fois, pendant ses vacances qu'il passait à Soyer, il obtint la permission *d'expurger* la bibliothèque paternelle. Le Jansénisme et la philosophie du 18me siècle y occupaient plus d'un rayon. Il emplit tout un tombereau des livres suspects et les alla noyer dans les fossés du château.

LA PRÊTRISE.
LE VICARIAT DE SAINTE-MENEHOULD.

Après quelques essais de vie religieuse, l'abbé de Saint-Albin fut ordonné prêtre à Châlons, le 13 juillet 1845.

Mgr de Prilly le nomma d'abord vicaire à la cathédrale de Châlons, puis curé de Berzieux, curé d'Ambrières, et enfin vicaire à Sainte-Menehould, comme auxiliaire de M. l'Archiprêtre Barbat. Il devait passer dans cette dernière ville presque toute sa carrière sacerdotale.

Il s'y révéla dès les premiers temps comme catéchiste. Le catéchisme avait été le passe-temps de sa jeunesse : il devint la grande occupation de sa vie. L'abbé de Saint-Albin avait compris qu'il faut agir sur l'enfance si l'on veut conserver plus tard quelque action sur l'homme fait.

Ses catéchismes de persévérance réunirent bientôt, outre les jeunes filles, nombre de personnes plus âgées.

Il se servit de l'influence qu'ils lui donnaient pour propager autour de lui la coutume de la Communion fréquente.

Le catéchisme, disait un des auditeurs assidus de M. de Saint-Albin, était sa passion. Il le faisait non seulement avec clarté, proportionnant l'enseignement à la capacité des enfants, mais avec onction et avec feu. Il s'y dépensait tout entier, et il a dû à ses catéchismes une bonne partie des fruits de son ministère. Il y employait toutes les industries modernes du zèle, les bons points, la proclamation publique des notes, les récompenses en livres et en argent, les livrets de caisse d'épargne.

L'abbé de Saint-Albin se fit aussi remarquer par sa charité. Riche, il donnait largement et sans compter. Mais son zèle lui suggéra bientôt une manière de faire la charité plus complète et plus fructueuse. Il réunit ses pauvres un jour par semaine, le jeudi, dans la chapelle de la *Charité* (1).

(1 La *Charité* est un établissement tenu par les Sœurs de Saint-Charles, et qui renferme à la fois un pensionnat, un externat, les classes communales, une salle d'asile et une crèche.

Il leur faisait un petit sermon, plutôt une causerie, exhortant au travail ceux qui pouvaient travailler, parlant aux autres de la résignation chrétienne et des récompenses de l'autre vie. Quand il leur avait ainsi distribué le pain de la parole qui nourrit l'âme, il les remettait aux mains des Sœurs qui leur donnaient soit une pièce d'argent, soit du pain ou des vêtements. Il en vint non seulement de la ville, mais des villages voisins : leur nombre atteignit souvent trois cents. Ces pauvres gens sortaient de là éclairés, consolés, encouragés. Ce fut *l'œuvre des pauvres*. M. de Saint-Albin y pourvut, de sa parole et de ses deniers, pendant trente années environ.

M. de Saint-Albin ne se croyait pas quitte envers les pauvres avec la réunion du jeudi. Sa porte et sa bourse leur restaient ouvertes en tout temps.

La visite des malades lui fournissait aussi une occasion de donner beaucoup. Il leur portait lui-même son vin. L'habitude qu'il avait prise de ne boire habituellement que de l'eau lui permettait de faire ainsi passer toute sa cave chez les malades pauvres.

A la passion du catéchisme, à l'exercice d'une charité aussi ingénieuse qu'inépuisable, l'abbé de Saint-Albin joignait les pratiques du zèle le plus actif. Il s'imposa dès le commênce-ment cette pénitence rude et pénible entre toutes qui consiste à ne pas perdre de temps. Donnant à chaque occupation le temps qu'elle exigeait ou qu'il s'était fixé, mais ne la prolongeant jamais par plaisir : passant de l'une à l'autre sans s'accorder un moment de répit, dormant peu, il suffisait, sans paraître se hâter, à un minis-tère très occupé et qui s'étendait de plus en plus.

Rien ne l'arrêtait d'ailleurs : ni la fatigue ni le soin de sa santé. Chaque matin, à cinq heures et demie, quelque temps qu'il fît, on le voyait descendre les cent huit marches du Château (1) pour aller dire la messe à la Charité. Par les nuits d'hiver, quand la neige couvrait le sol, il fallait un certain courage pour s'aventurer, à cette heure matinale, sur cette pente rapide.

(1) L'église de Sainte-Menehould et le presbytère se trouvent sur une colline élevée et abrupte, au centre de la ville, où était bâti l'ancien château-fort. Cette colline s'appelle « le Château ».

Parmi les industries de zèle qu'employait l'abbé de Saint-Albin, les *tracts* ou feuilles volantes tenaient une place à part. C'étaient des feuilles de petit format sur lesquelles il faisait imprimer des sentences, des prières, une courte méditation, un trait édifiant. Il les répandait à profusion parmi les enfants, les laissait sur la cheminée des malades, les faisait accepter à l'occasion d'une visite ou d'une correspondance. Apprenait-il qu'une âme était dans la peine, il choisissait parmi ces feuilles celle qui répondait le mieux au besoin présent et l'envoyait aussitôt. Il vous les offrait même gracieusement en chemin de fer, après les politesses d'usage entre voisins, et « quand la glace était rompue. » Il était sûr que la petite feuille ferait son chemin, et que la Providence porterait, sur les ailes de quelque vent propice, la bonne semence à l'endroit où elle devait germer. L'événement justifia souvent sa confiance. Une grande bibliothèque dans l'une de ses chambres était exclusivement réservée aux petites feuilles et aux petits livres de propagande. La provision, vite épuisée, s'en renouvelait sans cesse. Au moment de sa mort, il y en avait plusieurs milliers sur les rayons.

VIE PASTORALE A SAINTE-MENEHOULD

M. de Saint-Albin passa ainsi trente années dans les fonctions du vicariat. M. Barbat, archiprêtre de Sainte-Menehould, trouva toujours en lui un collaborateur dévoué. L'abbé s'était acquis, dans ce long et modeste ministère, la confiance de tous ; aussi, quand M. Barbat vint à mourir, en 1877, après 67 années passées à Sainte-Menehould, M. de Saint-Albin fut désigné par Mgr Meignan pour lui succéder (11 juillet 1877). L'année suivante, le prélat le nomma chanoine honoraire de sa cathédrale (6 mai 1878).

M. de Saint-Albin, devenu curé-archiprêtre, continua les œuvres qu'il avait commencées, et en établit de nouvelles que réclamait l'opportunité des temps. Il compléta l'œuvre des catéchismes par *la Messe des enfants*. Il voyait avec peine que les enfants qui assistaient à la grand'-messe étaient comme relégués dans un coin de l'église, dans quelque chapelle d'où ils ne pouvaient voir ni l'autel, ni les cérémonies. La prédication, d'ailleurs, faite pour les grandes personnes, leur passait par dessus la tête et souvent les fatiguait par sa longueur obligée. Il fallait occuper leurs yeux et leurs oreilles, les intéresser au drame divin, leur ménager une instruction adaptée à leurs facultés et à leurs besoins. « Je ne veux point, disait le curé, que l'église soit pour ces pauvres petits une sorte de purgatoire, j'en voudrais faire pour eux le vestibule du ciel. »

M. de Saint-Albin établit la *Messe des enfants*, déjà en usage dans plusieurs diocèses. Chaque dimanche, avant la grand'messe, à neuf heures, il réunissait tous les enfants des catéchismes, même ceux de la Persévérance, pour une messe basse spéciale. Il y faisait une instruction toujours courte, substantielle, animée, intéressante. Les enfants chantaient avec entrain sous la direction d'un maitre. Les parents invités venaient en grand nombre. En leur présence il proclamait les résultats des catéchismes de la semaine et donnait les récompenses. Une distribution de pain bénit complétait la fête, car c'en était vraiment une. Bientôt la messe des enfants eut lieu aussi le jeudi. Quelques années plus tard, M. de Saint-Albin ajouta à cette messe les *Vêpres des enfants :* « Pourquoi ne venez-vous jamais aux vêpres? » demandait-il un jour à un brave ouvrier, son voisin. — « Monsieur le curé, je m'y suis trop ennuyé quand j'étais jeune. » Cette réponse fut un trait de lumière. Le Pasteur y vit une indication de la Providence. Les vêpres des enfants furent aussitôt établies. Elles précédaient les vêpres paroissiales. Les enfants chantaient eux-mêmes les psaumes de l'office. L'instruction suivait, courte, chaleureuse, comme à la messe. On ne s'ennuyait plus.

Comme complément de ces diverses œuvres, M. de Saint-Albin établit à Sainte-Menehould un patronage de filles et un patronage de garçons, ce dernier dans un local payé de ses deniers. Ces œuvres sont trop connues et trop appréciées dans le diocèse de Châlons pour avoir besoin même d'un mot d'éloge. Le patronage des filles était sous la direction des sœurs de Saint-Charles ; un vicaire dévoué et en tout digne collaborateur du curé, dirigeait celui des garçons. M. de

Saint-Albin allait souvent les visiter l'un et l'autre. Tous les dimanches il offrait un goûter aux enfants, et, à la fin de l'année, il leur faisait une abondante distribution de bons livres et de vêtements.

D'autres œuvres vinrent encore s'ajouter, à diverses époques, aux occupations ordinaires du ministère paroissial : le Tiers-ordre de Saint-François, dont M. de Saint-Albin était un propagateur zélé ; l'association des Mères chrétiennes de Sainte-Anne, établie à la demande de Mgr Sourrieu ; la congrégation des Enfants de Marie ; l'adoration du premier vendredi de chaque mois, qui devint l'occasion de communions nombreuses.....

En même temps, M. de Saint-Albin poursuivait le projet de construction d'une nouvelle église. L'église ancienne de Sainte-Menehould, bâtie au sommet de la côte du Château, est d'un abord difficile et complètement inaccessible aux personnes âgées ou infirmes. Au siècle dernier, on avait été sur le point de la démolir et d'en élever une autre au centre de la ville, mais on avait reculé devant la dépense. Cependant les réclamations et les plaintes ne cessaient de se produire : on désertait les offices paroissiaux, fréquentés seulement dans les grandes solennités. M. Barbat avait désiré toute sa vie une autre église, et avait été encouragé dans son dessein par Mgr de Prilly. Il avait même, peu de temps avant sa mort, pris l'initiative de démarches faites conjointement avec le conseil de fabrique pour l'achat d'un terrain. Enfin Mgr Meignan, en nommant M. de Saint-Albin curé de Sainte-Menehould, lui avait expressément confié la mission d'élever la nouvelle église.

L'entreprise était considérable. Il fallait y suffire avec les ressources de la charité privée. M. de Saint-Albin se mit courageusement à l'œuvre. Il commença par faire généreusement le sacrifice d'une grande partie de sa fortune personnelle, puis il se fit quêteur. Il eut bientôt réuni la somme nécessaire pour entreprendre les travaux, avec la confiance fondée de les mener à bonne fin.

Le 27 septembre 1879, un décret du Président de la République autorisait le conseil de fabrique à accepter la donation, faite par M. de Saint-Albin, d'une parcelle de terrain « destinée à servir d'emplacement pour un édifice religieux (1)». Les travaux commencèrent aussitôt. La nature du terrain rendait nécessaire une construction sur pilotis. Six cent trente pieux furent enfoncés en terre et servirent de support à l'édifice. Au mois de juin 1880, les gros travaux étaient à peu près terminés et M. de Saint-Albin avait le bonheur d'annoncer à ses paroissiens, pour le 15 août suivant, l'ouverture de l'église encore inachevée, mais suffisante pour l'exercice du culte et pouvant contenir déjà au moins autant de monde que l'ancienne.

Malheureusement des difficultés s'étaient élevées au sein du Conseil municipal. On mit en avant la crainte de ne pouvoir suffire à l'entretien de deux églises à la fois, et la permission d'ouvrir l'église nouvelle ne fut pas accordée. Ce fut une épreuve douloureuse pour le curé, qui voyait perdu le fruit de tant de travaux et de sacrifices. Il répondit aux objections formulées contre son œuvre ; il multiplia les démarches ; il offrit d'assurer par

____

(1) *Compte-rendu* du 7 juin 1880.

une rente l'entretien de l'édifice : tout fut inutile. De son côté, l'administration diocésaine intervint à plusieurs reprises, mais ce fut en vain : l'église ne put être ouverte.

Cependant M. de Saint-Albin avait conservé la sympathie de tous ses paroissiens, même de ceux qui croyaient devoir s'opposer à l'ouverture du nouvel édifice religieux. Mais il se demandait si, en disparaissant, il ne rendrait pas plus faciles les négociations que son successeur pourrait entamer à son tour. Les dépenses de l'église étaient d'ailleurs complètement couvertes, et ne pouvaient donner lieu, après lui, à aucune réclamation. En outre, il ne se dissimulait pas que les années lui rendraient bientôt très pénible, et peut-être même impossible l'exercice de ses fonctions, à cause de la nécessité de descendre et de remonter plusieurs fois par jour la côte si rude du Château.

Aussi, lorsqu'il apprit, au mois de mars 1889, que, dans le cas où ces considérations le décideraient à quitter Sainte-Menehould, ses Supérieurs lui confieraient volontiers la paroisse de Notre-Dame de Châlons, devenue vacante par le décès de M. l'abbé Leroux, il se mit à leur

disposition. Il le fit en toute liberté et avec la
sérénité qu'il avait coutume de montrer dans
les circonstances graves.

Ce n'est pas qu'il ne sentît vivement tout ce
qu'aurait de pénible pour lui l'éloignement
d'une paroisse où il avait passé plus de quarante
années de sa vie, et où il devait laisser de si
nombreux regrets ; mais il voyait, dans les
circonstances qui se présentaient, une mani-
festation des desseins de la Providence. Il aurait,
selon sa propre expression, « la possibilité de
pratiquer plus longtemps le saint ministère. »
C'en était assez pour faire taire toute autre
considération. Le 23 mars il était agréé par le
Gouvernement comme curé de Notre-Dame.

LA CURE DE NOTRE-DAME DE CHALONS

M. de Saint-Albin fut installé dans la cure
de Notre-Dame le dimanche de la Passion (1889)
par M. l'abbé Lucot, curé-archiprêtre de la
cathédrale. Aussitôt installé il se mit à l'œuvre.

Il s'occupa d'abord de la jeunesse, et il eut

bientôt la consolation d'établir dans son église, avec l'agrément de Mgr Sourrieu, sa chère *Messe des enfants*. Les familles chrétiennes ne peuvent oublier ces réunions de la matinée du dimanche et du jeudi, et ces allocutions toutes vibrantes de zèle paroissial et de paternelle affection que le pasteur adressait à son jeune troupeau. On cite plus d'une famille dont le père et la mère ont repris le chemin de l'église longtemps oublié pour y accompagner leur enfant, pour être témoins de la lecture des notes, de la proclamation des récompenses, et qui ont fait leur profit des leçons qu'ils avaient entendues.

M. de Saint-Albin songea aussi à établir à Notre-Dame *l'Œuvre des pauvres* qui lui avait si bien réussi à Sainte-Menehould. Des difficultés pratiques l'empêchèrent de réaliser ce projet.

Des vertus que le digne prêtre pratiqua pendant son court séjour à Châlons, que pourrait-on dire, sinon qu'elles furent celles de toute sa vie ? Il s'y montra charitable, plein de zèle, soigneux de mettre à profit les moindres instants. Sa piété, sa bonne grâce d'homme du monde, sa réserve, un certain air d'austérité répandu sur toute sa personne lui concilièrent vite de nombreuses sympathies. Sa direction était très appréciée des personnes pieuses et des communautés. Tout à son devoir, uniquement et constamment occupé des âmes, il était vraiment un homme de Dieu. Levé avant le jour, souvent à quatre heures du matin, parfois même plus tôt, il priait, lisait, jetait sur le papier quelques brèves indications pour le catéchisme ou les instructions de la journée. La messe, qu'il disait à six heures, était le moment le plus favorable pour qui voulait avoir l'impression de sa vive piété. Arrivé à l'autel deux ou trois minutes avant l'heure, il restait là immobile, les yeux baissés, son austère visage portant l'empreinte d'un recueillement profond, tout abîmé en Dieu. On comprend ce que devait être la messe après une telle préparation.

MALADIE ET MORT

Trois années se passèrent ainsi, dans le travail incessant d'un ministère laborieux. Le moment de la récompense était enfin arrivé.

Le mardi 22 mars 1892, M. le curé éprouva, à son lever, les premières atteintes du mal. Un point de côté qu'il ressentait ne l'empêcha pas de dire la messe. Malgré la fatigue et les frissons de la fièvre, il confessa encore jusqu'à onze heures. Il lui fallut alors se mettre au lit pour ne plus se relever. Une pneumonie se déclara le lendemain. Le mal marchait avec une rapidité qui déconcertait les médecins. Le dénouement fatal était imminent.

Aussitôt averti de la gravité de son état, le malade ne songea qu'à se préparer à la mort. Le jeudi dans la matinée il se confessa et mit ordre à ses affaires temporelles. Le soir du même jour, au sortir de la prière du carême, Mgr l'Evêque voulut lui donner lui-même le saint viatique et l'Extrême-Onction. M. le curé, avant de recevoir la sainte Communion, demanda à son évêque la permission de dire quelques mots. L'ayant obtenue et s'adressant aux personnes présentes, il s'accusa, avec une humilité touchante, des négligences qu'il avait pu commettre dans l'exercice de son ministère. Il demanda pardon à tous ceux qu'il avait pu offenser, assurant qu'il pardonnait lui-même et de bon cœur à ceux qui lui avaient causé quelque peine. Les assistants pleuraient. Monseigneur, très ému, l'exhorta à la résignation, au sacrifice de sa vie à Dieu, et lui demanda s'il ne voulait pas recevoir l'Extrême-Onction. « Assurément », répondit-il d'une voix forte : « J'ai toujours conseillé aux autres de ne pas attendre au dernier moment, ajouta-t-il, et je dois maintenant donner l'exemple. »

La sérénité de M. le curé ne se démentit pas un seul instant pendant les trois jours de sa maladie. Les prêtres qui l'approchaient, loin d'entretenir les dernières illusions que conserve tout malade, lui parlaient du ciel et de Dieu qu'il allait voir bientôt : « Je ne croyais pas, répondit-il, qu'il était si facile de se résigner et de mourir ». Les religieuses qui le veillaient le voyaient continuellement en prière et l'entendaient renouveler fréquemment ses actes d'amour de Dieu. « Mon Dieu, répétait-il souvent, je veux vous rester fidèle jusqu'à la mort. » Le calme et une sereine confiance furent le caractère particulier de ses derniers moments.

Le Vendredi 25, jour de l'Annonciation de

la Sainte-Vierge, à l'heure de midi, le malade manifesta tout-à-coup l'intention de se lever. Il se revêtit lui-même de sa soutane, et, au moment de mettre à son cou son rabat, il s'affaissa sur le bord de son lit entre les bras du prêtre qui l'assistait et des religieuses. On commença aussitôt les dernières prières : quelques instants après, sans souffrances apparentes, sans secousse, il était mort.

La nouvelle de cette fin inattendue était à peine répandue dans la ville que les visiteurs affluèrent. Ce fut, pendant l'après-midi et les jours suivants, une sorte de procession à peine interrompue. Une preuve non équivoque de la vénération publique était réservée à ses restes mortels.

De très nombreuses personnes lui faisaient toucher des objets de piété, des chapelets, des croix, des médailles, qu'elles emportaient comme un précieux souvenir.

Les obsèques eurent lieu le lundi 28 mars en l'église Notre-Dame. Monseigneur Sourrieu donna l'absoute. La cérémonie fut simple, mais digne. M. le curé avait défendu qu'on se servît de corbillard et de catafalque. « Enfant de saint François, avait-il répété souvent, je veux être enterré avec la simplicité qui convient à un tertiaire. » Il s'était opposé aussi à ce qu'on mît aucune couronne sur son cercueil.

Ce fut encore pour obéir à son désir formellement exprimé qu'aucun éloge funèbre ne fut prononcé.

Malgré le mauvais temps, plus de trente ecclésiastiques de la campagne et tout le clergé de la ville assistaient aux funérailles. Une foule considérable, parmi laquelle on remarquait les principaux fonctionnaires de la ville, suivait le cortège.

La dépouille mortelle de M. de Saint-Albin repose au cimetière de l'Est, auprès de celle de M. l'abbé Leroux, son prédécesseur à Notre-Dame. Dieu a rappelé à lui son serviteur et l'a déjà réuni sans doute à ses élus : le souvenir de ses vertus et du bien qu'il a fait vivra toujours dans le cœur de ceux qui l'ont

connu. Ils regardent comme une grâce pré-
cieuse de Dieu d'avoir rencontré sur leur
chemin ce prêtre pieux, ce guide éclairé et sûr,
ce directeur prudent et zélé de leurs âmes.

In te, Domine, speravi ;
non confundar in æternum.

Châlons. — Imp. MARTIN frères.

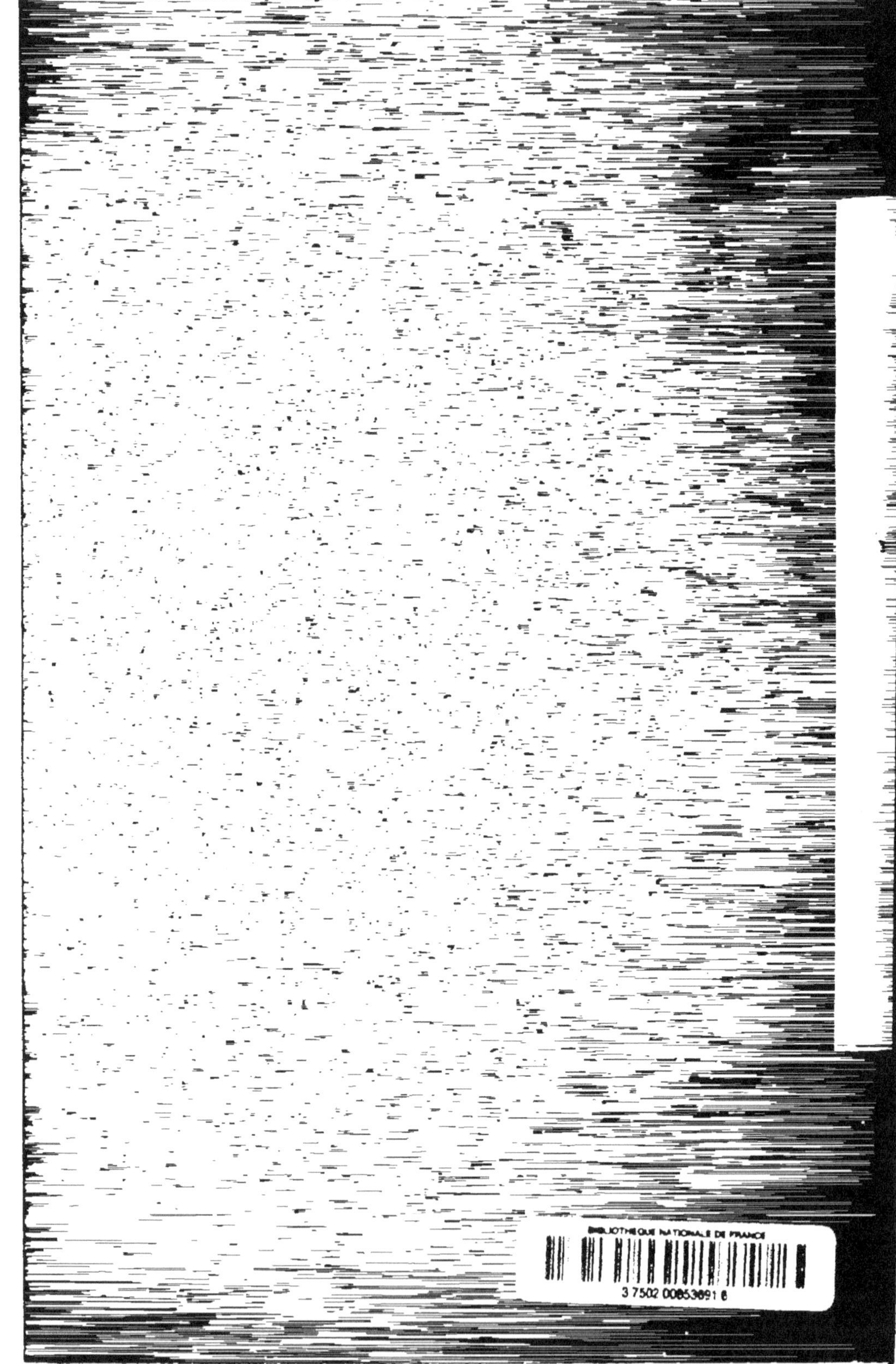